글쓰기 논술 쓰마

철학 박사 박우현 책임 감수
글쓰기전략연구회 쓰마와 하마 지음 · 유남영 그림

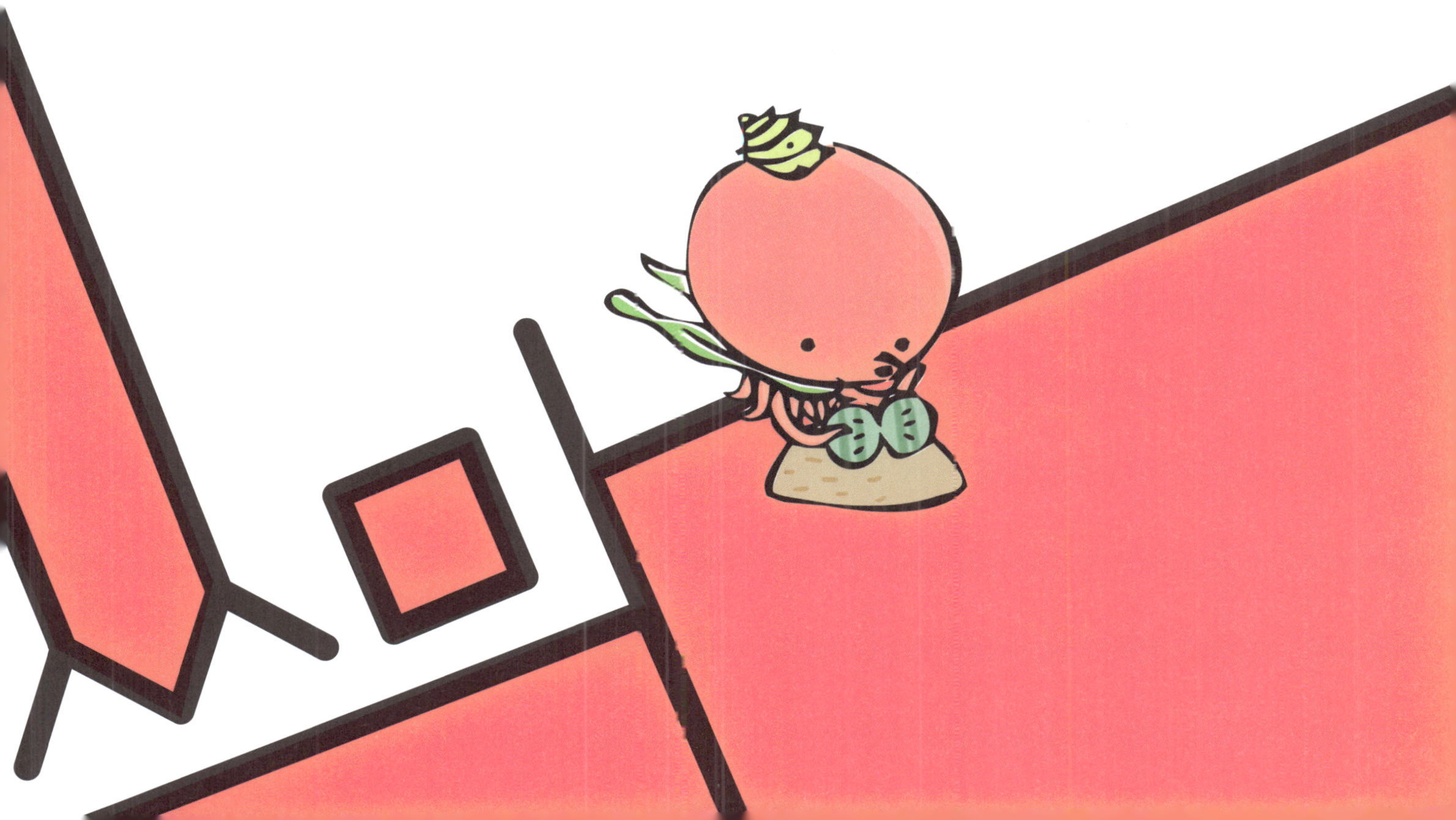

## 머리말

### 나를 위한 글쓰기 – 쓰마!

글쓰기는 과정입니다. 나만의 사고와 느낌이 중요합니다. 글쓰기에서는 어떤 글자를 얼마나 많이 썼느냐가 중요하지 않습니다. 내 생각을 어떻게 쓰고 있느냐가 중요합니다.

모든 글쓰기는 궁극적으로 나를 위한 글쓰기입니다. 이 책은 결과 중심 글쓰기 교재가 아닙니다. 과정 중심 글쓰기 논술 교재입니다. 과정 중심에는 '나'가 있습니다.

글쓰기는 자신감입니다. 이 책은 '도입–기초–발전–심화–나만의 글쓰기'로 구성되어 있습니다. 차례대로 글을 쓰다 보면 은은하게 다가오는 황홀감을 느낄 수 있습니다. 글쓰기 초보자도 자신감이 생깁니다.

글쓰기는 가치 있는 창의력을 배경으로 합니다. 이 책에는 초등학교 국어 교과가 녹아들어 있습니다. 갑작스럽게 다가오는 즐거움을 국어 시간에도 느낄 수 있습니다.

이 교재는 방과 후 학교 교재로도 좋고, 엄마와 함께해도 좋습니다. 질문이 분명하여 학생들이 즐거운 마음으로 할 수 있기 때문입니다.

독서 지도와 함께하면 더욱 좋습니다. 이 책은 독서 지도 교재가 아닙니다. 글쓰기 논술 교재입니다. 그러나 글쓰기도 독서를 위한 행위입니다. 글을 잘 쓰려면 많이 읽어야 합니다.

어린이를 위한 모든 교재는 선생님 중심이 아니라 어린이 중심이어야 합니다. 과정 중심 글쓰기 논술 교재는 학습자 중심의 교재입니다.

철학 박사 박우현

## 이 책의 특징

### 1. 생각을 열어 준다!

글쓰기는 생각을 여는 데서 시작합니다. 어린이가 닫힌 생각을 스스로 열고 글쓰기에 대한 두려움을 떨치게끔, 예시를 통해 학습 목표에 차근차근 다가가도록 구성하였습니다.

### 2. 생각을 키워 준다!

생각을 키우는 가장 좋은 방법 중 하나는 여러 가지 종류의 다양한 글을 읽고, 느끼고, 생각하는 것입니다. 《글쓰기 논술 쓰마》는 초등 교과 과정에 맞는 다양한 예문과 마인드맵 등을 통해 생각이 자라게끔 꾸몄습니다.

### 3. 생각을 펼쳐 준다!

나만의 글쓰기를 하려면 생각을 잘 정리해야 합니다. 생각을 열고(도입과 기초), 생각을 키우고(발전), 생각을 펼치는(심화) 과정을 거치면서 자연스럽게 생각이 정리되고 마음껏 글로 펼쳐 쓸 수 있습니다.

### 4. 생각을 다져 준다!

총 3단계 7과정으로 구성된 《글쓰기 논술 쓰마》는 어린이의 글쓰기 개별 능력에 따라 학습이 이루어지도록 꾸민 체계적인 교재입니다. 학습 능력 단계에 맞춰 과정을 밟으면 생각이 다져지고 아울러 글을 쓰는 힘이 쑥쑥 길러집니다.

### 5. 생각을 쓰게 한다!

글은 잘 쓰려면 많이 써 봐야 합니다. 그래야 자신감을 가지고 글을 쓸 수 있습니다. 《글쓰기 논술 쓰마》는 글 쓰는 지면을 많이 둔 글쓰기 중심 교재입니다.

# 차례

표현 쓰기(동시) — 5

겪은 일 쓰기 — 13

정보 쓰기(설명과 묘사) — 21

주제와 글감 — 29

원인과 결과 — 37

육하원칙(六何原則) — 45

요약하여 쓰기 — 53

주장글 쓰기 — 61

감상 쓰기 — 69

쓰마랑 함께하는 외래어 우리말로 바꾸기 — 77

생각 동화 황금빛 카멜레온 — 78

쓰마와 꼭 알아야 할 인터넷 용어 바로 쓰기 — 80

# 표현 쓰기(동시)

**동시**는 어린이들을 위한 짧은 글로 어린이들의 생각과 경험이 담겨 있습니다. 운율이 있고, 흉내 내는 말과 반복되는 말, 재미있는 비유법을 사용하여 즐거움과 감동을 줍니다.

### 학습 목표
1. 동시의 특징을 안다.
2. 동시를 줄글로 옮겨 쓸 수 있다.
3. 동시에 사용된 여러 가지 표현 방법을 활용해 동시를 쓸 수 있다.

## 동시를 만나요

> 동시를 쓸 때에는 여러 가지 표현 방법을 사용합니다.
> 설명에 맞는 표현 방법을 다음 두 편의 동시에서 찾아보세요.

**조금만 더**

　　　　　　　　이미옥

참새들 목청껏
쪼로록 쪼로록 짹짹짹
입 꼭 다물고 잤던 나팔꽃도
뚜띠뚜띠 뚜뚜뚜

엄마가 흔들어 깨워도 소용없어.
조금만 더
조금만 더
이불 돌돌 말고 잘 거야.

지각이닷!
세수 안 하고 학교로 막 뛰어가는 나
조금만 더
조금만 더
일찍 일어나는 건데.

**1** 흉내 내는 말을 찾아서 써 보세요.

------

**2** 사람이 아닌 것을 사람처럼 표현한 부분을 찾아서 써 보세요.

------

**3** 동시 '조금만 더'의 글감과 주제를 써 보세요.

글감 :

주제 :

### Tip 글감과 주제

- 동시를 쓸 때, 동시의 재료가 된 것을 동시의 글감이라고 합니다.
- 동시에 담겨 있는 마음, 지은이가 전하고 싶은 생각을 주제라고 합니다.

**해바라기**

이성자

단추단추 꽃단추
해바라기 단추 꽃단추

해님 닮아 해동그란
해바라기 단추 꽃단추

단추단추 왕단추
해바라기 단추 왕단추

해님 닮아 해동그란
해바라기 단추 왕단추.

**4** 해바라기를 빗대어 표현한 말을 찾아서 써 보세요.

---

**5** 동시 '해바라기'에서 운율(리듬)이 느껴지는 이유를 생각나는 대로 써 보세요.

---

**6** 동시 '해바라기'의 글감과 주제를 써 보세요.

글감 : 

주제 :

## 생각을 키워요 — 동시에 쓰인 표현을 알아보아요

| 다음 동시를 읽고 물음에 답하세요.

**마음**

이혜영

깃털처럼 가볍지만
때론
바위처럼 무겁단다.

시냇물처럼 즐겁지만
얼음처럼 차갑기도 해.

(1) 위에 시에서 마음을 빗대어 나타낸 것은 무엇입니까? 지은이가 여러 가지로 나타낸 이유는 무엇이라고 생각합니까?

　**마음을 빗댄 것** : _____

　**여러 가지로 표현한 이유** : _____
　_____

(2) 마음을 빗댈 수 있는 것은 또 어떤 것이 있는지 위의 동시와 같이 '~처럼'을 사용하여 표현해 보세요.

　콩알처럼 작아졌다. 풍선처럼 부풀기도 해. _____
　_____

### Tip 동시의 운율

- 동시에서는 같은 말이 반복되기도 하지만 같은 구성의 연이 반복되기도 합니다.
- 동시에서는 글자 수를 일정하게 하여 운율을 살리기도 합니다.

**2** 동시 '박'은 글자 수가 일정합니다. 동시 '꽃'의 빈칸에 글자 수가 일정하도록 흉내 내는 말이나 꾸며 주는 말을 넣어 동시를 완성해 보세요.

| 박 | 꽃 |
|---|---|
| 지붕 위에 주렁박<br>4글자  3글자 | ( 꼬부라진 ) 할미꽃<br>4글자  3글자 |
| 우물가에 두레박<br>4글자  3글자 | (          ) 방울꽃<br>4글자  3글자 |
| 기둥 위에 뒤웅박<br>방구석에 조롱박<br>물 떠 먹는 표주박<br>싸전 가게 쌀됫박 | (          ) 제비꽃<br>( 몽글몽글 ) 안개꽃<br>(          ) 팽이꽃<br>( 불 밝혀라 ) 초롱꽃 |

**3** '잠이 오지 않는다'의 1연과 같은 구성으로 3연을 완성해 보세요.

### 잠이 오지 않는다
김종상

깨진 유리 조각을
빈터에 버렸다.
맨발 벗고 뛰노는 아이들
발이라도 찔리면 어쩌지?
잠이 오지 않는다.

연필깎이 칼날을
창밖으로 던졌다. 파릇
파릇 눈뜨는 새싹들

목이라도 베면 어쩌지?
잠이 오지 않는다

_____
_____
_____
_____
잠이 오지 않는다.

## 시인이 되어 보아요

아래의 동시에는 이야기가 담겨 있습니다. 이 시의 주인공이 되어 동시를 일기로 옮겨 써 보세요.

**제기차기**

서정홍

놀고잽이 동생과
제기차기를 하면
할 때마다 내가 이긴다.

동생이 맨날 지고도
귀찮게 또 하자고 할 때면
한 번쯤 져 주는 것이
차라리 마음 편하다.
제기차기를 하면서

이길 수 있는데도
가끔 져 주는 것이
형다운 것이니까.

월    일    요일    날씨:

----------------------------------------
----------------------------------------
----------------------------------------
----------------------------------------
----------------------------------------
----------------------------------------
----------------------------------------
----------------------------------------

> **Tip** 동시를 쓸 때의 유의점
> - 먼저 떠오른 생각이나 느낌을 줄글로 씁니다. 이때 미리 몇 개의 장면으로 나누어서 쓰면 연을 나눌 때 편합니다.
> - 다 쓴 동시를 다시 한 번 읽어 보고 고쳐야 할 곳을 고칩니다. 이러한 마지막 과정을 '퇴고'라고 합니다.

**2** 글감을 고르고 주제를 정하여 경험과 느낌이 담긴 동시를 써 보세요.

(1) 내가 겪은 일 중에서 기억에 남는 것으로 글감을 정합니다.

| 글감 : 친구 종인이가 이사 간 일. | 글감 : |
|---|---|

(2) 어떤 생각을 담을 것인지 주제를 정합니다.

| 주제 : 이사 간 친구에 대한 아쉬움과 그리움. | 주제 : |
|---|---|

(3) 떠오르는 생각이나 느낌을 자유롭게 적어 봅니다.

| 떠오른 생각과 느낌 : <br> 일요일인데도 일찍 일어남. <br> 이삿짐 싸는 모습. <br> 같이 공부하던 책상. <br> 같이 가지고 놀던 축구공. <br> 서로 가지려고 다투던 장난감. <br> 같이 보던 만화책. <br> 빈방. 몽당연필. 마지막 인사 등. | 떠오른 생각과 느낌 : |
|---|---|

**Tip 동시 잘 짓는 법**

① 동시 감상을 많이 합니다.　　② 사물을 보며 글감을 찾습니다.
③ 다양한 표현법을 활용합니다.　　④ 어떤 사건을 그림처럼 떠올립니다.

**(4)** 떠오른 생각들을 줄글로 씁니다.

> 종인이가 이사를 갔다.
>
> 함께 놀던 축구공, 책상, 서로 가지고 놀려던 장난감, 낄낄대며 보던 만화책까지 낯익은 물건들이 이삿짐 차에 실렸다. 종인이와 같이 놀던 시간들도 이삿짐 차에 실리는 것 같았다.
>
> 이삿짐이 다 실려 나가고 빈 방에는 먼지만 날아다녔다.
>
> 이삿짐을 실은 차는 가 버렸지만 나는 오랫동안 손을 흔들고 서 있었다.

**(5)** 행과 연을 나누어 운율이 있는 짧은 글로 바꾸고 제목을 정합니다.

> **친구가 이사 가던 날**
> 　　　　　　　　　　이혜영
>
> 단짝 친구가 이사 간다
>
> 함께 놀던 축구공
> 같이 쓰던 책걸상
> 서로 가지려던 장난감
> 낄낄대며 읽던 만화책
>
> 우리의 시간들도
> 차례차례 실려 나가고
> 먼지만 남은 빈방
>
> "안녕!"
> 이삿짐 차는 떠나고
> 아쉬움에 오래오래 손을 흔든다.

# 겪은 일 쓰기

**생활문**은 일상생활 속에서 겪은 일을 쓴 글입니다. 장소와 시간의 변화가 잘 드러나도록 쓰면 겪은 일을 더 잘 표현할 수 있습니다. 글쓴이의 느낌이나 생각도 솔직하게 쓴다면 더 훌륭한 글이 될 거예요.

**학습 목표**
1. 글 속에서 시간과 장소의 변화를 찾을 수 있다.
2. 시간과 장소의 바뀜이 잘 드러나도록 생활문을 쓸 수 있다.

## 시간과 장소의 변화를 생각해요

다음 생활문을 읽고 질문에 답해 보세요.

> 제목 : _____
>
> 아침밥을 먹고 얼른 칫솔을 입에 물고 양치질을 시작했다. 그런데 입천장 한가운데에 뭔가 딱딱한 것이 있는 듯한 느낌이 들었다. 양치질을 하다 말고 엄마를 불렀다.
> "엄마, 내 입천장에 뭔가 딱딱한 게 있어요."
> 엄마는 내 입천장을 만져 보더니 말씀하셨다.
> "뭔가 딱딱한 게 있기는 한데, 원래 그런 거 아니니?"
> 그래도 모르는 일이니까 방과 후에 치과에 가기로 했다.
> 학교에서도 계속 신경이 쓰였다. 점심 시간에 짝꿍 찬혁이에게 보여 줬더니 큰일이나 난 것처럼 걱정을 했다.
> 학교가 끝나고 집에 돌아오니 엄마께서는 치과에 갈 준비를 하고 기다리고 계셨다. 치과에 가서 접수를 하고 기다렸다가 진찰을 받았다.
> "입천장에 이가 자라고 있네. 수술해야겠는걸."
> 나는 가슴이 철렁하였다. 드라큘라도 아니고 입천장에 이가 나고 있다니, 그리고 수술을 해야 한다니 말이다. 그런데 수술은 의외로 간단히 끝났다. 마취를 하더니 잠깐 사이에 이를 뽑았다.
> 저녁에 퇴근하신 아빠께서 치과에서 가져온 내 이를 투명한 플라스틱 통에 담아 주셨다. 입천장에서 자라던 이, 왜 그곳에 자랐던 것일까. 그리고 계속 자라게 두었다면 어떻게 되었을지 진짜 궁금하다. 이를 빼고 나니 왠지 내가 가벼워진 느낌이다.

(1) 글의 내용에 어울리는 제목을 달아 보세요.

(2) 주인공 '나'에게는 어떤 일이 있었나요?

   _____

   _____

### Tip 생활문을 쓸 때의 유의점

- 대화글을 넣어서 쓰면 훨씬 생동감이 느껴집니다.
- 시간과 장소의 변화에 따라 문단도 바뀌어야 합니다.

**2** 이야기 속의 주인공이 겪은 일을 4컷 만화로 꾸몄습니다. 내용에 맞게 말 주머니를 채우고, 시간과 장소가 어떻게 바뀌었는지 써 보세요.

(1) 시간의 변화

그림 ① : 아침, 등교하기 전    그림 ② : _____

그림 ③ : _____    그림 ④ : _____

(2) 장소의 변화

그림 ① : _____    그림 ② : 학교 교실

그림 ③ : _____    그림 ④ : _____

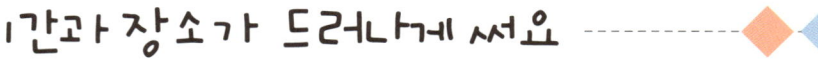

다음 글을 읽고 물음에 답하세요.

① 전반전이 시작되었다. 우리 선수들과 독일 선수들 모두 힘이 넘쳐 보였다. 전반전 20분쯤, 독일에게 선제골을 내주었다. 상대편 선수이지만 정말 멋진 골이었다.

② _____

③ 두 나라의 선수들이 입장하자 독일의 국가가 먼저 연주되었다. 애국가가 연주될 때에는 함께 따라 불렀다. 이렇게 많은 사람들이 함께 부르는 애국가를 들으니 가슴이 뭉클하였다.

④ 2대 1로 승리를 했다. 이겼으면 좋겠다고 생각했지만 정말로 이길 거라고는 생각하지 않았다. 경기가 끝났는데도 사람들은 계속해서 응원가를 부르며 기뻐하였다.

⑤ 1대 0으로 전반전이 끝나고, 운동장에서는 응원 팀들이 나와 춤을 추었다.

(1) 시간의 흐름에 맞게 위 글의 순서를 바로잡아 보세요.

( ③ ) 경기 시작 전 → ( ) → ( ) 휴식 시간 → ( ) → ( ) 경기가 끝난 뒤

(2) 시간의 흐름에 어울리게 ②번에 알맞은 내용을 써 보세요.

> **Tip 생활문 쓰는 법**
> - 언제, 어디에서, 무엇을 했는지를 구체적으로 쓰는 것도 중요하지만 그때의 느낌이나 생각을 솔직하게 쓰는 것도 중요합니다.
> - 생활문은 긴 글이므로 시간이나 장소의 변화, 심리 상태에 따라 문단을 나누어 씁니다.

**2** 다음 사진을 보고 장소가 어떻게 바뀌었는지 찾아 각각의 장소에서 한 일이 잘 드러나도록 생활문을 완성해 보세요.

① 가족과 함께 서울역에 감.

② 임진강역에 도착하여 도라산역에 들어가는 출입 허가를 받음.

③ 기차를 기다리며 경기 평화 센터를 둘러봄. 평화를 기원하는 글을 적음.

④ 도라산역에 도착하여 주변을 돌아봄.

　지난 일요일, 우리 가족은 도라산역에 가기 위해 서울역으로 갔다. 도라산역은 전쟁으로 끊어졌던 경의선을 연결하기 위해 새롭게 만든 역이다. 기차가 도착하자 경의선 열차를 타고 1시간 40분쯤 달려

------

------

　우리 가족은 임진강역에서 다시 도라산역으로 가는 기차를 타야 했다.

------

　마침내 도라산역에 도착하여 주변을 돌아보았다. 경의선이 연결되면 우리가 탔던 기차가 평양까지 갈 수 있다는 말을 듣고 꼭 통일이 되기를 기원했다.

### Tip 생활문의 짜임

① 처음에는 인상 깊은 일이 무엇인지를 씁니다.
② 중간에서는 사건을 마음껏 펼쳐 보입니다.
③ 마지막에는 처음의 일을 정리하는 느낌을 씁니다.

**3** 다음 그림 중 2개를 연결하여 시간과 장소의 변화가 나타나도록 2~3개의 문장으로 글을 써 봅시다.

**보기**

**그림 ①과 그림 ③**

오늘 4교시는 과학 시간이었다. 과학실에서 선생님의 설명에 따라 실험을 하였다. 과학 수업이 끝나자 우리는 모두 교실로 돌아왔다. 드디어 기다리던 점심시간이다. 친구들과 왁자지껄 떠들며 맛있는 점심을 먹었다.

(1) 선택한 그림 _____

--------

--------

--------

(2) 선택한 그림 _____

--------

--------

--------

## 여행이 담긴 글을 써 보세요

1. 가족이나 친구들과 여행 갔던 일 중에서 기억에 남는 일을 주제로 정해 보세요.

2. 여행을 떠나기 전에 있었던 일과 느낌을 써 보세요.

3. 여행에서 겪은 일을 시간과 장소에 따라 써 보세요.

| 시 간 | 장 소 | 겪은 일 |
| --- | --- | --- |
|  |  |  |
|  |  |  |
|  |  |  |
|  |  |  |

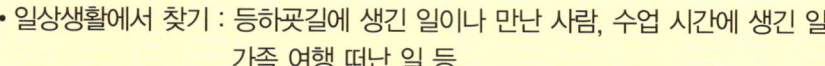

- 일상생활에서 찾기 : 등하굣길에 생긴 일이나 만난 사람, 수업 시간에 생긴 일, 가족 여행 떠난 일 등.
- 지난 일을 추억하기 : 떠나간 친구, 지난 소풍 이야기, 어릴 때 추억 등.

**4** 다녀와서 느낀 점이나 생각한 점도 정리해 보세요.

--------------------------------------------------------------------
--------------------------------------------------------------------
--------------------------------------------------------------------
--------------------------------------------------------------------
--------------------------------------------------------------------

**5** 정리한 내용을 가지고 시간과 장소의 변화가 잘 드러나는 생활문을 써 보세요.

제 목 :

# 정보 쓰기 (설명과 묘사)

**묘사**는 어떤 대상의 모습이나 상황이 눈에 보이듯 글로써 전달하는 것이고, **설명**은 대상에 대한 사실을 알기 쉽게 풀어서 지식을 전달해 주는 것입니다. 어떤 대상을 묘사 또는 설명의 방법으로 표현해 보세요.

**학습 목표**
1. 설명과 묘사의 차이를 알 수 있다.
2. 대상을 보고 설명과 묘사를 할 수 있다.
3. 설명과 묘사가 드러나게 글을 쓸 수 있다.

## 설명글과 묘사글의 차이점을 알아보아요

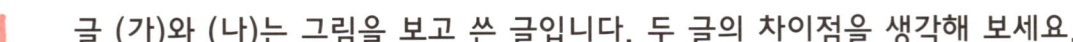

| 글 (가)와 (나)는 그림을 보고 쓴 글입니다. 두 글의 차이점을 생각해 보세요.

(가) 겨울에는 눈이 많이 내린다. 밤사이 10㎝가량 눈이 내려 쌓였다.

(나) 하얀 솜털이 떨어지듯 흰 눈송이가 나풀거린다.
온 세상이 폭신한 솜이불을 덮은 것 같다.

(1) 각각의 글에서 떠오르는 느낌이나 생각을 써 보세요.

----------------------------------------------------------------
----------------------------------------------------------------
----------------------------------------------------------------

(2) 글 (가)에서 '10㎝ 가량 눈이 내려 쌓였다.' 는 것을 글 (나)에서는 어떻게 표현했나요?

----------------------------------------------------------------
----------------------------------------------------------------
----------------------------------------------------------------

22

## Tip 설명과 묘사란?

- 어떤 사실이나 일어난 일 등에 대해 있는 그대로 쉽게 풀이한 것을 '설명'이라고 합니다.
- 어떤 대상에 대해 글쓴이의 생각과 느낌을 곁들여 그림으로 그리듯이 글로 표현한 것을 '묘사'라고 합니다.

**2** 〈보기〉와 같이 각각의 그림을 설명과 묘사의 글로 써 보세요.

보기

설 명 : 누렇게 익은 밤송이 안에 잘 여문 알밤이 세 개 있다.

묘 사 : 누렇게 익은 밤송이가 마치 고슴도치 같다. 뾰족뾰족한 밤송이 안에 토실토실한 알밤 삼 형제가 사이좋게 도란도란 이야기를 나눈다.

(1)

설 명 :

묘 사 :

(2)

설 명 :

묘 사 :

## 설명과 묘사를 찾아보아요

| 다음 글을 읽으며 돌사자의 모습을 떠올려 보세요.

### 돌사자 이야기

　어느 늙은 석공의 손으로 다듬어진 돌사자 하나가 있었습니다. 떡 벌어진 어깨, 튼튼한 앞발로 팽팽하니 도사리고 있는 모습은 마치 살아 있는 사자가 이렇게 앉아 있는 것만 같았습니다.
　사람들은 말했습니다.
　"저 부릅 뜬 두 눈을 좀 봐. 번갯불이 가득 차 있는 것 같군."
　"그것보다 입을 보라고. 굳게 다문 커다란 입이 한 번 열리기만 하면 꼭 벼락 치는 소리가 터져 나올 것만 같아."
　바로 돌사자 이야기입니다. 처음 돌사자는 벼락을 맞고 쪼개진 바위 조각이었습니다.
　어느 날, 갑자기 칼날같이 날카로운 번갯불이 번쩍하고 하늘 한 모퉁이를 가르는가 싶더니 난데없이 벼락이 떨어졌습니다. 그 순간 바위 조각은 까마득한 산봉우리 위에서 와당탕퉁탕 굴러 떨어져 마침내 산골짜기 냇가에 내려오게 되었습니다.
　냇물 속에 허리가 잠긴 채, 거북처럼 넙죽 엎드려 있게 된 것입니다. 얼핏 보아서는 아무짝에도 쓸모없는 흔해 빠진 돌 하나에 지나지 않을 것만 같은 이 바위 조각은 오랫동안 그곳에 내버려져 있었습니다. 아무도 눈여겨보지 않는 동안, 검 초록빛 이끼만 촘촘히 돋아났습니다.

〈 똘배가 보고 온 달나라 〉 손춘익, 창비

(1) 돌사자에 대한 설명과 묘사를 찾아 서로 다른 색으로 밑줄을 그어 보세요.

(2) 설명과 묘사는 어떻게 다른지 써 보세요.

**Tip** 설명과 묘사 구별하기

• 설명은 어떤 사물이나 사실 등을 알기 쉽게 풀이한 것을 말하고 묘사는 글을 읽을 때 머릿속에 그림이 그려지듯이 장면이 떠오르는 것을 말해요.

**2** 다음 그림에서 춤추고 있는 아이의 모습을 설명과 묘사가 잘 드러나게 써 보세요.

춤추는 아이 (김홍도)

(1) 설 명

① 사람들은 모두 몇 명이며, 무엇을 하고 있나요?

------------------------------------------------

② 악공들은 어떤 악기를 가지고 있고, 춤추는 아이는 어떤 모습을 하고 있는지 설명해 보세요.

------------------------------------------------

------------------------------------------------

(2) 묘 사

춤추고 있는 아이의 모습을 묘사해 보세요.

------------------------------------------------

## 설명글과 묘사글을 써 보아요

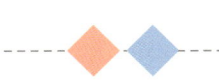

1 다음 그림과 정보를 이용하여 설명과 묘사를 해 보세요.

(1) 양말의 모양에 대해 설명해 보세요.

(2) 어떤 느낌이 드는지 〈보기〉에서 찾아본 후, 자신의 느낌을 더 떠올려 보세요.

| 보기 |
|---|
| 초조하다. 당황스럽다. 불쌍하다. 소름끼치다. 숨기고 싶다. 섭섭하다. 춥다. 재미있다. |

(3) 위에서 정리한 내용을 바탕으로 설명과 묘사가 드러나게 글을 써 보세요.

### Tip 설명과 묘사의 장점

- 설명글은 정보를 알려 줄 때 정확하고 자세하게 전달할 수 있습니다.
- 묘사글은 어떤 상황이나 장면을 생생하게 떠올리게 합니다.

**2** '추석'에 대해 설명과 묘사를 해 보세요.

(1) 위 그림을 묘사해 보세요.

　　① 무엇을 하고 있나요? _____

　　_____

　　② 사람들이 어떤 모습을 하고 있나요? _____

　　_____

(2) 다음은 추석에 대한 정보를 수집한 자료입니다. 정보를 더 찾아 빈 칸을 채우세요.

　　- 음력 8월 15일. 중추절, 가배, 한가위라고도 부른다.

　　- 보름달을 보고 소원을 빈다.

　　- 아침 일찍 일어나 햇과일과 햇곡식으로 차례를 지낸다.

　　- 추석에 하는 놀이 : _____

　　- 대표적인 음식 : _____

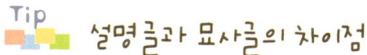
**설명글과 묘사글의 차이점**

- 설명글은 대상의 성질이나 종류를 알기 쉽게 풀이하기 위해 객관적인 표현 방법을 씁니다.
- 묘사글은 대상의 모양을 그대로 그리듯 나타내기 위해 주관적인 표현 방법을 씁니다.

**3** 앞의 내용과 자료를 이용하여 묘사와 설명이 잘 드러나게 글을 써 보세요.

| 항목 | 내 용 |
| --- | --- |
| 추석의 시기와 추석의 다른 명칭 설명 | |
| 추석에 하는 행사 설명 | |
| 가족과 함께 떡 빚는 모습 묘사 | |
| 추석에 대한 나의 느낌이나 생각 | |

# 주제와 글감

**글감**이란 글의 내용이 되는 재료를 말합니다. 글을 쓸 때에는 그 주제에 맞는 글감을 골라야 합니다. **주제**는 한 편의 글을 통하여 읽는 이에게 전달하려는 글쓴이의 중심 생각입니다.
글감을 잡아 주제가 잘 드러나는 글을 써 보세요.

### 학습 목표
1. 글감과 주제를 알 수 있다.
2. 글 속에서 글감과 주제를 찾을 수 있다.
3. 글감과 주제를 정하여 글을 쓸 수 있다.

## 글감과 주제를 알아보아요

1. 가을과 관련된 글감을 떠올려 빈칸에 써 보세요.

2. 어떤 글감들이 떠올랐나요? 하나를 골라서 나의 경험을 자세히 적어 보세요.

경험 1 : _____

경험 2 : _____

글감 : _____

경험 3 : _____

경험 4 : _____

 **글감과 주제란?**

- 한 일, 들은 일, 생각한 일, 본 일, 느낌 모두 글감이 될 수 있습니다.
- 글감을 통해 글쓴이가 전달하려는 '중심 생각'이 바로 주제입니다.

**3** 앞에서 떠올린 경험에 대해 어떤 생각과 느낌이 들었는지 〈보기〉와 같이 써 보세요.

| 보기 글감 | 가을 운동회 |
|---|---|
| 경험 | 달리기 시합을 하다가 넘어졌다. 그러나 일어나서 다시 끝까지 뛰었다. 꼴등을 했지만 많은 박수를 받았다. |
| 생각 / 느낌 | 달리기뿐 아니라, 무엇이든 끝까지 포기하지 말고 최선을 다해야겠다. |

| 글감 | |
|---|---|
| 경험 | |
| 생각 / 느낌 | |

**4** 3번에서 정리한 내용에 맞는 적절한 주제를 찾아보세요.

---
---
---

# 글감과 주제를 찾아보아요

다음 만화 내용의 글감과 주제에 대해 알아보세요.

(1) 엉뚱이가 자장면을 좋아하는 이유는 무엇인가요?

---

(2) 글감과 주제를 써 보세요.

글감 :

주제 :

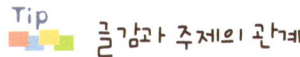

**Tip** 글감과 주제의 관계

- 글감은 같아도 주제가 다를 수 있고, 주제는 같아도 글감이 다를 수 있습니다.
- 중요한 것은 그 글감에 맞는 주제, 그 주제에 적합한 글감을 찾는 일입니다.

**2** 앞의 만화와 같은 글감으로 다른 주제의 만화를 그려 보세요.

(1) 가장 좋아하는 음식은 무엇인가요?

---------------------------------------------------------------
---------------------------------------------------------------

(2) 그 음식을 좋아하는 이유는?

---------------------------------------------------------------
---------------------------------------------------------------
---------------------------------------------------------------

(3) 글감과 주제가 잘 드러나게 만화를 그려 보세요.

## 글감과 주제를 정해 글을 써 보아요

글감은 같아도 주제가 다를 수 있어요. 아래 두 편의 시에서 글감과 주제를 찾아보세요.

| 글감 | 아빠 | 아빠 |
|---|---|---|
| 시 | **아빠는 그림자도 크다**<br>이혜영<br><br>얼굴<br>손톱<br>발가락<br>아빠는 나보다 크다.<br><br>주먹도<br>목소리도<br>팔뚝에 있는 까만 점도<br>아빠는 나보다 크다.<br><br>뚜벅뚜벅, 아빠 걸음은<br>따박따박, 내 걸음보다 크고<br>널찍한 아빠 어깨도<br>나보다 크다.<br><br>그리고 또 하나<br>그림자도 크다,<br>우리 아빠는 | **바쁜 아빠**<br>박혜선<br><br>식탁에 앉아 아침을 먹는다<br>비어 있는 아빠 의자<br><br>동생은 그 자리에<br>저랑 놀던 로봇을 앉힌다<br><br>'꼭꼭 씹어 먹어라.'<br>아빤 그랬는데.<br><br>식탁에 앉아 저녁을 먹는다<br>비어 있는 아빠 의자<br><br>나는 그 자리에<br>곰 인형을 앉힌다<br><br>'이것도 먹어 봐.'<br>아빤 김치도 올려 주셨는데. |
| 시 속에서 아빠는 어떤 모습으로 그려졌나요? | | |
| 주제 | | |

### Tip 주제의 종류

- 주제는 글쓴이의 의지가 담긴 것과 감상을 노래한 것으로 나뉩니다.
- 주제를 잘 잡아야 그에 알맞은 글감을 제대로 찾을 수 있습니다.

**2** 지난 방학 때 있었던 일을 떠올리면서 글을 써 보세요.

(1) 글감을 떠올려 보세요.

- 가족과 함께 바닷가에 놀러 간 일.
- 방학 때 있었던 일
- 방학 동안에 숙제도 안 하고 게임만 했다.

(2) 이 중에 하나의 글감을 정하여 주제를 써 보세요.

글감 : 가족과 함께 바닷가에 놀러 간 일.

주제 : 바닷가에서 여기저기 널려 있는 쓰레기를 보고 환경을 보호해야 한다는 생각을 했다.

글감 : _____
주제 : _____

(3) 글감과 주제가 드러나게 시를 써 보세요.

_____
_____
_____
_____

> **Tip 스스로 체크해 보기**
> - 글감과 주제가 무엇인지 아나요?
> - 글 속에서 글감과 주제를 찾을 수 있나요?
> - 글감과 주제에 맞는 글을 쓸 수 있나요?

**3** 다음 그림과 관련된 글감과 주제를 생각해 보고 글로 옮겨 보세요.

(1) 왜 벌을 서고 있을까요? 여러 가지 상황을 추측해 보세요.

------------------------------------------------------------
------------------------------------------------------------

(2) 이 아이는 벌을 서면서 무슨 생각을 할까요? 생각에 따라 주제가 달라질 수 있습니다.

------------------------------------------------------------

**4** 그림 속의 주인공이 되어서 글감과 주제가 드러나도록 일기를 써 보세요.

------------------------------------------------------------
------------------------------------------------------------
------------------------------------------------------------
------------------------------------------------------------
------------------------------------------------------------
------------------------------------------------------------

# 원인과 결과

어떤 일이 일어났을 때에는 반드시 **원인**이 있으며, 그 원인에 대한 **결과**가 있습니다. 원인은 결과에 영향을 미치고, 그 결과가 다음 일의 원인이 되기도 합니다. 일이 일어난 원인과 결과가 드러나도록 글을 써 보세요.

**학습 목표**
1. 사건의 원인과 결과를 추측한다.
2. 원인과 결과에 따라 내용을 요약한다.
3. 원인과 결과가 드러나게 글을 쓴다.

## 원인과 결과의 관계를 알아보아요

적절한 원인과 결과를 추측하여 빈칸을 채우세요.

**이유**
- 컴퓨터 게임을 늦게까지 했다.
- 
- 

↓ **원인** → **결과**

↓ **이유**

→ 
→ 

↓ **원인**　　↓ **결과**

**Tip** 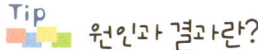 원인과 결과란?

- 원인은 어떤 일이 일어난 까닭을 말합니다. 결과는 어떤 까닭으로 인해 생긴 일을 말합니다.
- 어떤 일이든 원인이 있으면 반드시 결과가 있으며 하나의 결과에 여러 가지 원인이 있을 수 있고, 하나의 원인에 여러 가지 결과가 있을 수도 있습니다.

**2** 다음 원인에 대한 결과를 추측해 보세요.

| 원인 → | 결과 |
|---|---|
| 안개가 자욱이 끼어서 앞이 전혀 보이지 않았다. | |

결과를 추측했나요? 원인이 되는 내용이 앞에 오도록 한 문장으로 써 보세요.

**3** 다음 결과에 대한 원인을 추측해 보세요.

| 원인 ← | 결과 |
|---|---|
| | 국어 시간에 우리들은 만화 영화를 보았다. |

원인을 추측했나요? 결과가 되는 내용이 앞에 오도록 한 문장으로 써 보세요.

## 원인과 결과를 써 보아요

다음 광고의 장소는 지하철 안입니다. 지금 우리가 타고 있는 지하철과 비교했을 때 다른 점을 찾아보고, 광고 내용의 원인과 결과를 생각해 보세요.

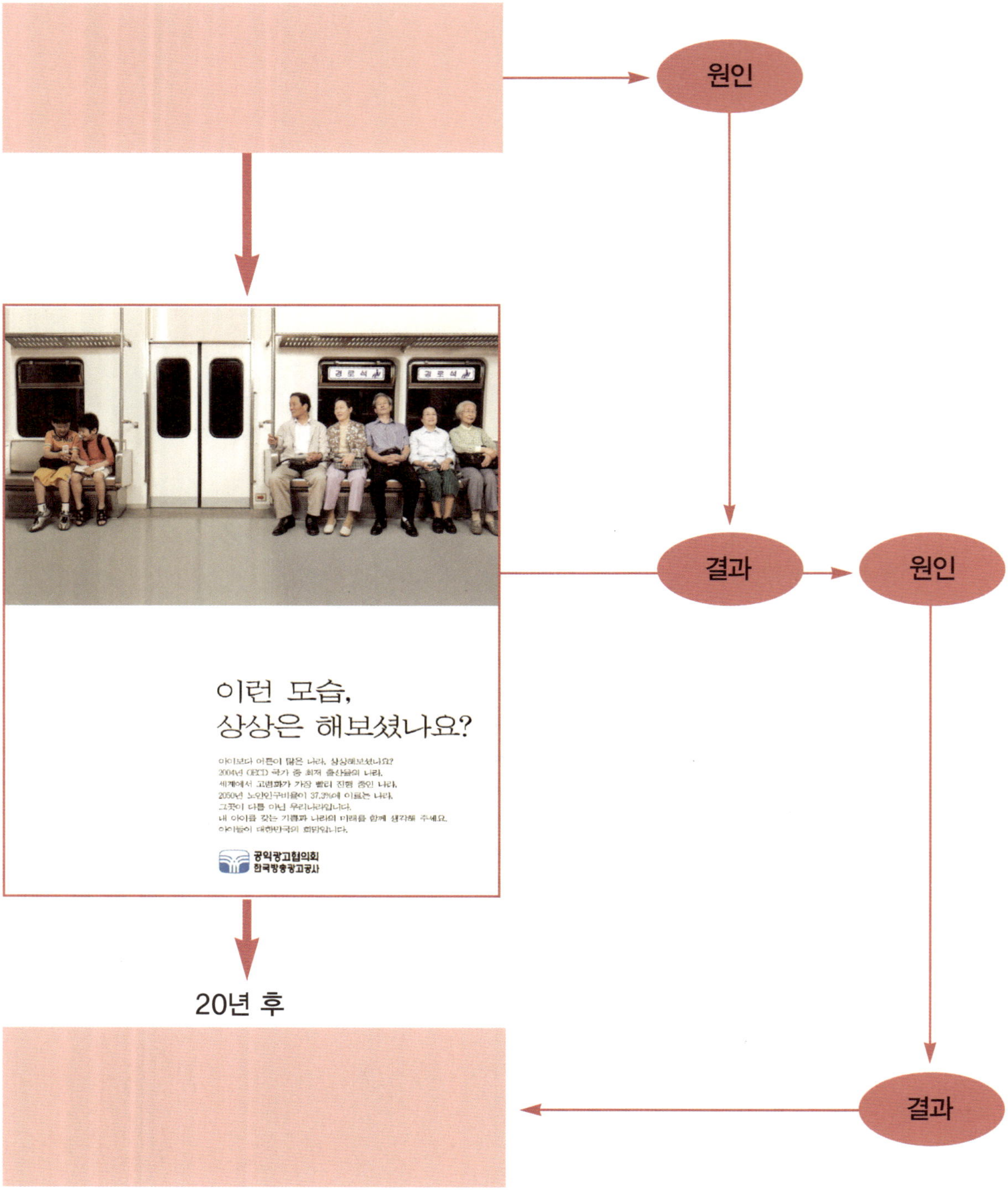

원인 → 결과 → 원인 → 결과

이런 모습, 상상은 해보셨나요?

20년 후

**Tip** 원인과 결과의 연관성

- 원인과 결과는 서로 영향을 미칩니다.
- 원인은 결과에 영향을 주고, 그 결과는 또 다음 일의 원인이 되기도 합니다.

**2** 다음 글을 읽고, 자연 재해로 인하여 사람들이 어떤 집을 짓게 되었는지 원인과 결과를 써 보세요.

> 일본은 연평균 천 번의 지진이 발생합니다. 그래서 사람들은 가벼운 나무로 집을 짓고 벽은 종이로 만든답니다. 그러면 지진으로 집이 무너져도 크게 다치지 않는답니다.
>
> 동남아시아는 1년의 절반이나 계절풍의 영향을 받는답니다. 엄청난 폭우로 인한 홍수를 막기 위해, 말뚝을 세우고 그 위에 집을 짓는답니다. 물에 떠내려가지 않으려는 야생 동물들이 집에 기어오르려 하지만 올라올 수 없답니다.
>
> 피그미 족(키가 작은 종족)들은 아프리카의 밀림에서 삽니다. 밀림에는 목숨을 위협하는 동물들이 많기 때문에 덤불숲처럼 보이기 위해 나뭇가지와 잎으로 집을 짓는답니다.
>
> 〈세상의 집들〉 클레르 위박, 삼성당

**자연 재해를 극복하기 위한 방법**

|  | 원인 | 결과 |
|---|---|---|
| 일본 | 지진이 자주 발생한다. | 가벼운 나무로 집을 짓고 벽은 종이로 만든다. |
| 동남아시아 |  | 말뚝을 세우고 그 위에 집을 짓는다. |
| 피그미족 | 밀림에는 목숨을 위협하는 동물이 많다. |  |

## 원인과 결과가 드러나게 글을 써 보아요

**1** 앞뒤 문장을 살피고, 추측하여 원인과 결과가 드러나게 글을 써 보세요.

○○○○년 ○월 ○일 ○요일

오늘 점심 시간에 3반과 축구 시합을 하기로 했었다.

------------------------------------------------------------

------------------------------------------------------------

그래서 우리는 축구 시합은커녕 밖에 나가지도 못했다. 축구 시합을 하지 못하게 되자, 친구들은 투덜거렸다.
하지만 나는 차라리 오늘 시합을 못 하게 된 것이 잘되었다고 생각했다.

왜냐하면 ---------------------------------------------------

------------------------------------------------------------

축구 시합은 다음 주로 연기되었다. 그때는 꼭 축구 시합을 할 수 있었으면 좋겠다.

**2** 위 일기의 내용을 원인과 결과가 드러나게 정리해 보세요.

---------------------------------------------- 때문에 축구 시합을 하지 못했다.

나는 오늘 축구 시합을 못 한 것이 차라리 잘됐다고 생각했다. 왜냐하면 -----------

------------------------------------------------------------

> **Tip** 원인과 결과 연결어
> - 원인과 결과를 나타내는 연결어는 '그래서', '그러므로', '왜냐하면' 등이 있습니다.
> - 이런 연결어를 사용하면 문장과 문장, 혹은 문단과 문단을 짜임새 있게 연결할 수 있습니다.

**3** 다음은 사건의 원인과 결과를 메모한 것입니다. 이 메모를 보고 원인과 결과가 드러나게 기사를 써 보세요.

| 사건의 원인 | 사건의 결과 |
| --- | --- |
| ㉠ 저녁 식사 전에 어머님이 심부름을 시키셨음. <br> ㉡ 자전거를 타고 내리막길을 달림. <br> ㉢ 길에 살얼음이 살짝 있었음. <br> ㉣ 강아지가 갑자기 뛰어들었음. <br> ㉤ 브레이크를 급하게 잡았지만, 놓쳤음. <br> ㉥ 강아지를 피하려고 핸들을 틀었음. | ㉠ 자전거는 바퀴가 한 개 부서졌다. <br> ㉡ 자전거를 탄 아이는 화단으로 나뒹굴었다. <br> ㉢ 팔이 부러지고 무릎에서 피가 났다. <br> ㉣ 강아지는 놀라서 달아났다. <br> ㉤ 주위 사람들이 아이를 부축하여 병원으로 옮겼다. |

**육하원칙으로 정리하기**

| | |
| --- | --- |
| 누가 | |
| 언제 | |
| 어디서 | |
| 무엇을 | |
| 어떻게 | |
| 왜 | |

 기사 글 쓰기

- 신문 기사는 정확한 사실을 알리려는 목적을 가지고 있는 글입니다.
따라서 육하원칙 (누가, 언제, 어디서, 무엇을, 어떻게, 왜)을 바탕으로 사건의 원인과 결과가 잘 드러나도록 글을 씁니다.

**4** 앞에서 육하원칙으로 정리한 글을 원인과 결과가 드러나게 기사로 써 보세요.

| 기사 제목 | |
|---|---|
| 본문 | |
| 출처 | 신문사 이름 :<br><br>기자 이름 : |

# 육하원칙(六何原則)

사실을 보고, 들은 대로 적는 글은 기사문이라고 합니다. 기사문을 쓸 때에는 '누가, 언제, 어디서, 무엇을, 어떻게, 왜'에 해당하는 내용이 들어가야 하는데 이것을 **육하원칙**이라고 합니다. 육하원칙에 따라 글을 쓰면 사실을 정확하게 전달할 수 있습니다.

### 학습 목표
1. 육하원칙에 대해 안다.
2. 육하원칙을 이용하여 글을 쓴다.
3. 사진과 동화를 활용하여 육하원칙이 잘 드러나는 기사를 쓸 수 있다.

## 육하원칙에 대해 알아보아요

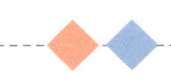

아래 기사에서 육하원칙을 찾아 줄을 치고 번호를 붙여 보세요.

① 누가   ② 언제   ③ 어디서   ④ 무엇을   ⑤ 어떻게   ⑥ 왜

### 비행 시뮬레이션 대회!
미래의 비행 조종사, 사이버 파일럿 120명 참가

◀ 비행 시뮬레이션 대회에 참가한 한 학생이 시뮬레이션 비행 조종을 하고 있다.

①120명의 사이버 파일럿들이 ②지난 25일 '대한항공 비행 시뮬레이션 대회'에 출전했다. 올해로 7회째인 이 대회는 성남 서울공항 '서울 에어쇼' 전시관에서 열렸으며 파일럿을 꿈꾸는 학생들이 실제 비행을 하듯 조종 기술을 선보였다. 대한항공이 마련한 이 행사는 비행 조종사에 대한 학생들의 관심과 조종 인력의 저변 확대를 위해 2004년 처음으로 실시했으며 민간 항공기를 대상으로 한 국내 유일 대회이다.

〈연합뉴스〉

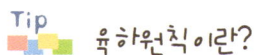

**Tip 육하원칙이란?**

- 육하원칙은 기사문을 쓸 때 갖추어야 하는 요소로
 '① 누가 ② 언제 ③ 어디서 ④ 무엇을 ⑤ 어떻게 ⑥ 왜' 여섯 가지 원칙이 있습니다.

**2** 다음 기사를 읽고 육하원칙에 해당하는 내용을 찾아 써 보세요.

### 국립 경주 박물관 입체 영상실 2월 13일 공개!

　국립 경주 박물관에 설치된 '신라인과 불' 이라는 주제의 에너지 역사 입체 영상실. 신라인들의 과학 기술을 알리기 위해 박물관과 월성 원자력 본부가 4억5000만 원을 들여 만들었다. 성덕대왕 신종의 맥놀이 파장을 보여 주는 코너도 있다. 12일 개막해 13일 일반에 공개된다.

사진 제공 월성 원자력 본부<br>〈소년동아일보〉

① 누가 : _____

② 언제 : _____

③ 어디서 : _____

④ 무엇을 : _____

⑤ 어떻게 : _____

⑥ 왜 : _____

## 육하원칙을 살린 문장을 써 보아요

사진을 잘 살펴보고, 육하원칙 중에서 빠져 있는 부분을 자유롭게 써 넣으세요.

(1) "얘들아, 황사 마스크 써 보자!"

어린이동아, 3월 27일

◎ 누가 : 서울 내발산 초등학교 어린이들

◎ 언제 : 3월 27일

◎ 어디서 :

◎ 무엇을 :

◎ 어떻게 : 선생님의 시범을 보고

◎ 왜 :

(2) 가족 친화 기원 벽화 그리기 행사

연합뉴스, 11월 25일

◎ 누가 : 어린이와 여성 시민들

◎ 언제 : 11월 25일

◎ 어디서 :

◎ 무엇을 :

◎ 어떻게 : 붓으로 색칠하며

◎ 왜 :

**Tip**

- 기사문은 제목, 부제(작은 제목), 전하는 내용, 사진, 사진 설명 등으로 이루어져 있습니다.
- 제목은 전체 기사 내용을 알 수 있게 요약한 문구이며, 부제는 제목을 보완한 간결한 문구입니다.

**2** 주머니에 들어 있는 낱말을 하나씩 골라 아래 조건에 맞게 글을 써 보세요.

| 누가 | 언제 | 어디서 | 무엇을 |
|---|---|---|---|
| 햄스터<br>외계인<br>짝 | 꿈<br>급식 시간<br>소풍 | 엘리베이터<br>수산물 시장<br>우체국 | 불꽃놀이<br>마라톤<br>만화책 |

(1) '누가, 언제, 어디서, 무엇을' 에 해당하는 내용이 들어가게 쓰기

_____
_____
_____
_____
_____
_____

(2) 위의 내용에 어울리는 '어떻게' 와 '왜' 를 덧붙여서 쓰기

_____
_____
_____
_____
_____
_____

## 육하원칙이 드러나는 기사문 쓰기

**1**  다음 사진을 자세히 살펴보고 물음에 답하세요.

"어린이 자전거 운전면허 시험"

(1) 누가 무엇을 하고 있나요?

--------------------------------------------------

(2) 어떤 방법으로 시험을 보게 될까요?

--------------------------------------------------

(3) 자전거 면허 시험이 왜 필요할까요?

--------------------------------------------------

**2**  위에서 정리한 내용으로 사진 옆에 캡션(사진을 설명하는 글)을 달아 보세요.

> **Tip 캡션이란?**
> - 캡션은 그림이나 사진을 설명하는 글입니다.
> - 그림이나 사진의 이해를 돕도록 짧고 간단한 내용만 정리하여 씁니다.

**3** 다음 동화를 읽고 육하원칙을 메모하여 기사로 고쳐 써 봅시다.

### 구경이나 하시래요

 옛날 옛적 어느 마을에 어머니와 좀 모자라는 아들이 함께 살았어요. 그 아들이 결혼한 지 얼마 안 되어 장인의 생신이 다가오자, 어머니는 처가에 보낼 음식을 준비했지요.
 장인의 생신날 아침, 어머니는 아들이 실수라도 할까 걱정이 되어 며느리와 함께 처가에 가는 아들을 불러 놓고 당부를 했어요.
 "얘야, 이제 너도 어른이 되었으니 점잖게 행동해야 한다. 먼저 처가에 가면 공손하게 인사를 하도록 해라. 이건 네 장인의 선물로 마련한 술과 떡이다. 어른들께 드리면서 별거 아니라고 구경이나 하시라고 말씀드려라."
 "예, 어머니 염려 마세요."
 아들은 선물을 들고 아내와 함께 처가에 도착하여 어머니께서 시키신 대로 공손하게 인사를 했어요. 그러고는 준비해 간 선물을 펼쳐 놓았어요. 고소한 냄새가 풍기는 떡과 술을 받은 장인은 기분이 좋아서 어머니께 고맙다는 인사를 전하라고 당부했지요. 그런데 잠시 후 아들은 펼쳐 두었던 보자기에 술과 떡을 도로 싸는 게 아니겠어요? 깜짝 놀란 장인이 물었지요.
 "아니 자네 그건 왜 싸는가?"
 그랬더니 아들이 이렇게 말하더랍니다.
 "어머니께서 그냥 구경이나 하시랬어요."

(1) 위 이야기의 중심 사건은 무엇인가요?

---

 동화는 사건과 사건이 긴밀하게 연결되면서 이야기가 전개됩니다. 그러므로 드러난 사건 중에서 더 중요한 사건을 골라 육하원칙으로 정리해야 합니다.

### Tip 기사문을 쓸 때 주의할 점

- 객관적이고 공정하게 정확한 사실만 쓴다.
- 문장은 간결하고 명료하게 육하원칙에 따라 쓴다.
- 제목이나 부제를 적정하게 사용한다.

(2) 전래 동화 '구경이나 하시래요'를 육하원칙에 맞게 써 보세요.

① 누가 : _____

② 언제 : _____

③ 어디서 : _____

④ 무엇을 : _____

⑤ 어떻게 : _____

⑥ 왜 : _____

(3) 메모한 내용을 바탕으로 육하원칙이 잘 드러나는 기사를 써 보세요.

제 목 : _____

_____
_____
_____
_____
_____
_____
_____

# 요약하여 쓰기

**요약하기**는 글의 중요한 생각을 간략하게 간추리거나, 글의 내용을 줄이고 주제를 찾아내는 활동입니다. 요약을 잘 하기 위해서는 글에 있는 정보들 중에서 중요한 것과 덜 중요한 것을 잘 찾아내야 해요. 요약을 잘 하면 많은 정보들을 분명하고 뚜렷하게 알 수 있어요.

**학습 목표**
1. 중심 내용을 찾을 수 있다.
2. 한 문단에서 중심 문장과 뒷받침 문장을 찾을 수 있다.
3. 여러 문단의 글을 요약할 수 있다.

## 중심 내용을 찾아요

아래 세 사람의 대화를 읽고, 중심 내용을 가장 잘 찾아낸 사람을 찾아보세요.

> 우리는 매일 여러 가지 음식을 먹는다. 우리가 먹는 쌀, 보리, 옥수수, 감자, 고구마 등에는 우리 몸에 필요한 영양소인 탄수화물이 많이 들어 있다. 또 쇠고기나 돼지고기, 생선, 달걀, 콩으로 만든 음식 속에는 단백질이 많이 들어 있으며 버터, 호두, 잣, 참깨, 땅콩 등에는 지방질이 많이 들어 있다. 그리고 채소나 과일 속에는 비타민이, 뼈째 먹는 생선이나 우유 속에는 칼슘과 같은 영양소가 많다. 이러한 영양소들은 우리 몸을 튼튼하게 해 주고, 우리가 활동하는 데 꼭 필요한 물질이다.

소희: 탄수화물, 단백질, 지방질, 비타민, 칼슘이 가장 중요한 내용이야.

기찬: 쌀, 생선, 참깨, 채소, 우유 등 여러 가지 음식을 골고루 먹는 것이 좋다고 말하고 있어.

정화: 우리가 먹는 음식에 들어 있는 영양소는 우리 몸을 튼튼하게 해 주고, 우리가 활동하는 데 꼭 필요한 물질이래.

### Tip 중심 내용이란?

- 중심 내용은 듣는 이나 읽는 이에게 꼭 전하고자 하는 내용을 말해요.
- 중심 내용 찾는 방법 : 제목 보기, 글의 중요한 낱말 찾기, 비슷한 낱말은 더 넓은 범위의 말로 바꾸기 등으로 찾을 수 있어요.

**2** 아래 글을 읽고 중심 내용이나 중심 낱말을 생각하여 써 보세요.

> 제목 : 사람과 동물의 차이
>
> 사람과 동물의 차이는 무엇일까? 사람은 다른 동물과 달리, 편리한 도구를 만들어 생활에 이용할 수 있는 지혜를 가지고 있다. 또한 사람이 말을 사용하여 서로의 뜻을 주고받고, 글을 써서 생각을 기록할 수 있는 것도 다른 동물에서는 찾아볼 수 없다. 사회생활을 하면서 서로 돕고 사는것도 사람이 동물과 다른 점이다.

(1) 중심 내용 : _____

> 햇빛은 프리즘을 통과하면 여러 가지 색으로 갈라지는데, 이것을 '빛의 분산' 이라고 한다. 햇빛은 여러 색의 빛으로 되어 있다. 빛의 색에 따라 굴절하는 정도가 다르기 때문에 햇빛이 프리즘을 통과하면 여러 색의 빛으로 갈라지는 것이다.

(2) 중심 내용 : _____

(3) 아래의 낱말들을 포함하는 하나의 낱말로 각각 바꾸어 보세요.

① 추석, 설날, 단오, 한식, 정월 대보름 → 명절

② 울산, 인천, 광주, 제주, 대전 → 도시

③ 수영, 야구, 태권도, 달리기, 탁구 → _____

④ 에디슨, 장영실, 뉴턴, 아인슈타인 → _____

⑤ 벌, 잠자리, 매미, 방아깨비, 메뚜기 → _____

## 중심 문장과 뒷받침 내용을 찾아요

**1** 다음 각각의 글에서 중심 문장을 찾아 밑줄을 그어 보세요. 중심 문장이 없으면, 중심 문장을 써 보세요.

옛날 사람들은 장을 담그고 간수하는 일을 무척 중요하게 여겼다. 장 담그는 날이 정해지면, 집안 아낙네들이 바깥 나들이를 삼가고, 안 좋은 일을 당한 사람이 집 안에 드나드는 것도 막았다. 장 담그는 날에는 장독대 앞에서 고사를 지냈고, 장을 담근 뒤에는 장맛이 바뀌지 않기를 빌며 아침저녁으로 장독대 주위를 깨끗이 청소했다.

〈가마솥과 뚝배기에 담긴 우리 음식 이야기〉 햇살과 나무꾼, 해와나무

옷은 우리의 몸을 보호하고 예절을 지키기 위해서 필요하다. 음식은 우리의 건강을 유지하고 생명을 살아가게 하는 데 필요하다. 집은 재산을 보호할 수 있고, 우리가 편히 쉴 수 있는 공간이기도 하다. 이처럼 사람이 살아가는 데 꼭 필요한 것은 옷, 음식, 그리고 집이다.

우리들은 다른 사람들에게도 고마움과 사랑을 느낄 줄 알아야 한다. 우리와 함께한 마을, 한 나라를 이루고 있는 사람들은, 낯 모르는 사람일지라도 우리들에게 도움을 주고 있다. 한여름의 뜨거운 햇볕 아래서 곡식을 일궈 내는 사람들, 추운 겨울날에도 한길에서 교통정리를 해 주는 사람들이 없으면 우리는 살 수가 없다. 그러므로 우리들은 다른 모든 사람들에게 고마움을 느끼고 사랑할 줄 알아야 한다.

병을 치료할 때 의사는 하얀 가운을 입는다. 공장에서 일하는 사람들은 작업복을 입는다. 학생들이 운동을 할 때에는 체육복을 입는다. 그리고 네거리에서 교통정리를 하고 있는 경찰관은 눈에 잘 띄는 경찰관 제복을 입고 일한다.

### Tip 중심 문장과 뒷받침 내용

- 중심 문장이란 문단의 중심 생각이 잘 나타나 있는 문장을 말해요.
- 문단의 앞, 뒤 또는 앞과 뒤에 같이 올 수 있고, 문단 안에 없을 때도 있어요.
- 뒷받침 내용이란 중심 문장의 내용을 자세하게 설명해 주는 내용입니다.

**2** 아래 두 글에서 중심 문장에 어울리는 뒷받침 내용을 찾아 빈칸에 써 보세요.

튼튼하고 예쁜 이를 가지고 싶다면 바른 방법으로 이를 닦아야 합니다. 우선 이는 음식을 먹은 뒤에 곧바로 닦아야 음식 찌꺼기를 없앨 수 있습니다. 또 칫솔은 너무 부드럽지도 뻣뻣하지도 않은 것이 좋습니다. 그리고 입 안 구석구석을 3분 정도 닦아야 합니다. 이와 같은 이닦기는 튼튼하고 깨끗한 이를 갖게 해 줍니다.

우리의 전통적인 옹기를 만들려면 우선 좋은 흙을 골라야 한다. 한 곳의 흙이 아니라 여러 곳의 흙을 잘 골라 섞어 그릇을 빚는다. 빚은 그릇은 햇볕에 말려 잿물을 입혀서 다시 말린다. 말린 그릇들은 한꺼번에 큰 가마에 넣어 며칠 동안 나무를 때어 굽는다. 구운 그릇이 다 식으면 옹기가 완성된다.

〈세상을 깜짝 놀라게 한 오천 년 우리 과학〉 이영민, 계림

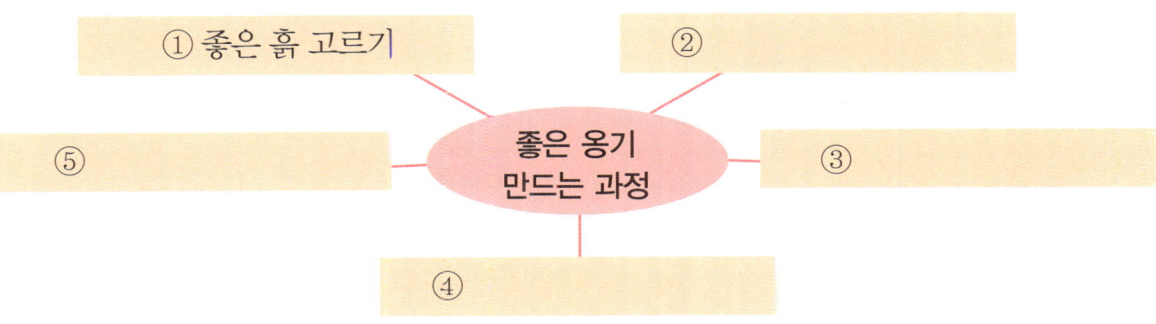

## 여러 문단이 있는 글의 중심 내용을 찾아요

여러 문단이 있는 글을 읽고 아래의 물음에 답해 보세요.

> 콩과 모래의 혼합물을 분리하려면, 먼저 알갱이의 크기가 다른 점을 이용하여 체를 써서 분리할 수 있다. 모래는 체의 가는 구멍을 빠져 아래로 떨어지지만, 콩은 체의 구멍을 빠져나갈 수 없기 때문에 체 안에 남게 된다.
>
> 철가루와 톱밥의 혼합물은, 무게의 차이점을 이용하여 물로 이는 방법도 있지만, 철가루와 톱밥의 혼합물 속에 비닐이나 종이로 감싼 자석을 넣어 휘저으면, 철가루만 간단히 분리할 수 있다.
>
> 소금을 땅에 흘려 흙과 섞인 경우에는, 그대로 버릴 필요가 없이 소금과 흙의 차이점을 이용하여 분리하면 된다. 소금의 물에 녹는 성질을 이용하여 흙과 섞인 소금을 물에 넣고 저으면 소금이 녹게 된다. 소금이 다 녹은 다음, 거름 장치로 거르면 소금물과 흙으로 분리할 수 있다. 소금물을 끓여서 사용하거나 증발시켜서 소금을 다시 얻어 내어 사용하면 된다.
>
> 물과 기름이 섞인 것을 분리하려면 무게의 차를 이용하면 된다. 기름은 대체로 물보다 가볍기 때문에, 물과 기름이 섞인 것을 가만히 놓아두면 기름이 물 위에 뜨게 된다. 이때, 위에 있는 기름을 따라 내거나 아래에 있는 물을 빼어 내면 간단히 분리할 수 있다.
>
> 〈중심 내용 파악 학습 전략〉 박경숙 외, 한국교육개발원

(1) 각 문단의 중심 내용을 찾아보세요.

　　1문단 : 크기의 차이를 이용한다. (모래와 콩의 분리)

　　2문단 : _____

　　3문단 : _____

　　4문단 : _____

(2) 이 글에 제목을 붙여 보세요.

　　_____

### Tip 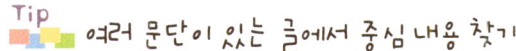 여러 문단이 있는 글에서 중심 내용 찾기

- 문단 하나하나의 중심 내용을 찾아요.
- 각 문단의 중심 내용을 모두 포함하는 내용을 찾아요.

**2** 다음 글을 읽고 문단별로 중심 내용을 찾아보세요.

　오염된 물은 사람들을 병들게 하고, 생물들도 살 수 없게 해요. 사람이 더럽힌 물이 사람의 삶을 위협하게 된 것이지요.

　물의 오염을 막는 방법은 여러 가지가 있어요. 첫째, 비누나 샴푸, 치약, 주방 세제는 되도록 적게 사용해요. 이런 것들은 거품이 많이 생겨서 물을 썩게 만들어요.

　둘째, 음식 찌꺼기가 생기지 않도록 남기지 말고 다 먹어야 해요. 우리가 먹다 남긴 음식 찌꺼기는 설거지통에서 물로 흘러 들어가서 물을 더럽혀요. 그러니 음식은 먹을 만큼만 덜고 깨끗이 먹어, 물로 들어가는 음식 찌꺼기가 없도록 해야 해요.

　셋째, 세탁기는 빨래가 가득 차도록 모았다가 돌리는 것이 물을 덜 오염시켜요. 세탁기를 한 번 돌리는 데 드는 물의 양이 무척 많아요. 물을 아끼려면 세탁기를 자주 돌리지 않는 것이 좋아요.

　넷째, 강이나 바다에 쓰레기나 오염 물질을 버리지 말아야 해요. 강이나 바다에 버린 쓰레기는 치우기도 힘들고, 또 곧바로 물을 오염시켜요.

　이렇게 물의 오염을 막기 위해 우리 모두 노력하면 깨끗한 물을 마음대로 먹을 수 있어요. 또 우리의 환경도 지킬 수 있어요.

〈건강한 지구 내가 지켜요〉 부르크하트 바토스, 해와나무

| 중심 내용 | | |
|---|---|---|
| 문단 내용 | 2문단 | |
| | 3문단 | |
| | 4문단 | |
| | 5문단 | |

**Tip 요약하기**

- 요약은 글의 중요한 생각을 간략하게 간추리는 것입니다.
- 요약을 할 때에는 글 전체의 중심 내용을 중심 문장으로 하고, 각 문단의 중심 내용을 뒷받침 문장으로 해서, 한 문단으로 나타냅니다.

**3** 앞 쪽에서 문단별로 중심 내용을 찾은 표를 보고 글 전체를 요약해 보세요.

# 주장글 쓰기

**주장하는** 글은 주변의 어떠한 현상이나 사회적 문제점 등에 대하여 자신의 생각이나 의견을 쓰는 것입니다. 자신의 주장으로 상대방을 설득시키기 위해서는 그 주장을 뒷받침해 줄 이유나 근거를 내세워야 합니다. 알맞은 근거를 제시하면서 주장글을 써 보세요.

### 학습 목표
1. 주장에 맞는 적절한 이유를 제시할 수 있다.
2. 이유에 대한 주장을 펼 수 있다.
3. 주장 글을 쓸 수 있다.

## 주장과 근거에 대해 알아 보아요

1. 다음은 학급 회의를 하고 있는 모습이에요. 자신의 주장을 펴는 친구에게는 '주', 주장에 대한 근거를 말하는 친구에게는 '근'이라고 적으세요.

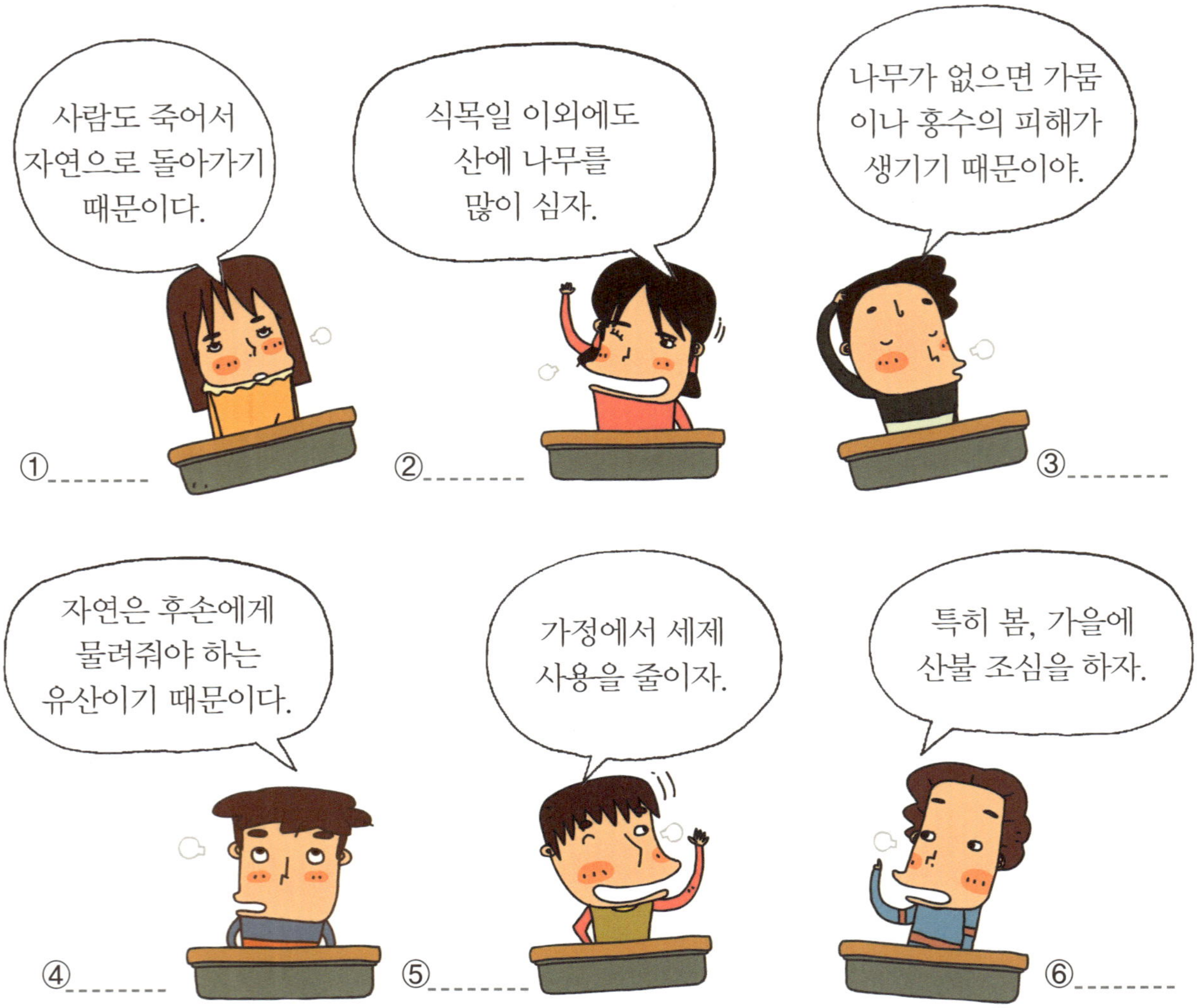

① 사람도 죽어서 자연으로 돌아가기 때문이다.

② 식목일 이외에도 산에 나무를 많이 심자.

③ 나무가 없으면 가뭄이나 홍수의 피해가 생기기 때문이야.

④ 자연은 후손에게 물려줘야 하는 유산이기 때문이다.

⑤ 가정에서 세제 사용을 줄이자.

⑥ 특히 봄, 가을에 산불 조심을 하자.

2. 위 학급 회의의 주제는 무엇일까요? 〈보기〉에서 골라 보세요.

보기
① 나무를 많이 심자.
② 물을 아껴 쓰자.
③ 불조심을 하자.
④ 환경을 보호하자.

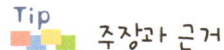

### Tip 주장과 근거

- 주장은 어떤 문제에 대한 자신의 의견을 내세우는 것입니다.
- 근거는 다른 사람에게 자신의 주장을 펼치기 위해 이치에 맞는 이유를 말하는 것입니다.

**3** 〈보기〉의 근거는 어떤 주장을 뒷받침하기 위한 문장입니다. 사다리타기를 하여 주장에 맞는 근거를 찾아 번호를 써 보세요.

〈보기〉

〈근거〉

① 신호등은 서로 서로 지키기로 한 약속이야.
② 교통 규칙을 지키지 않으면 사고를 당할 수 있어.
③ 차가 계속 늘어 도로가 막히는 문제를 해결할 수 있어.

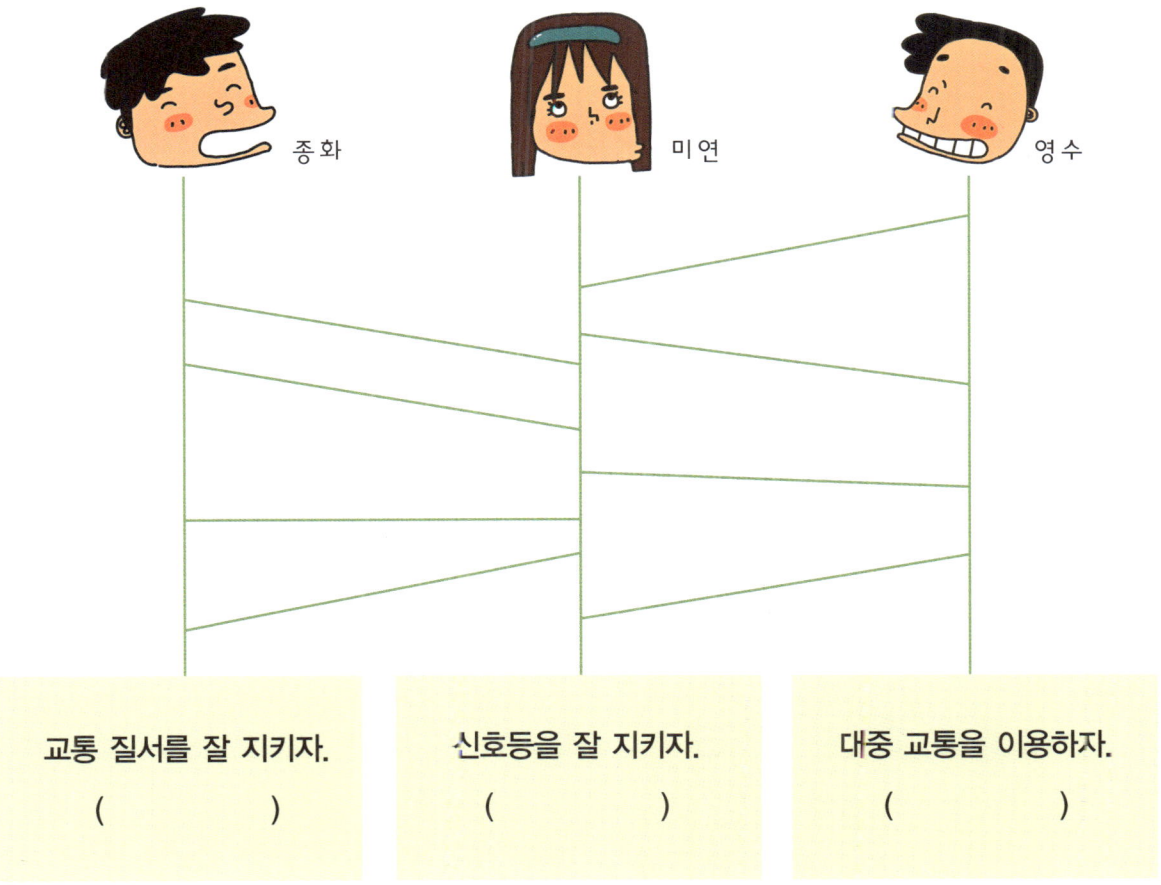

**4** 3번에서 찾은 주장과 근거 중 하나를 선택하여 한 문장으로 써 보세요.

### 생각을 키워요 — 주장과 근거를 찾아보아요

**1** 그림을 보고 주장할 수 있는 것은 무엇인지 〈보기〉에서 찾아봅시다.

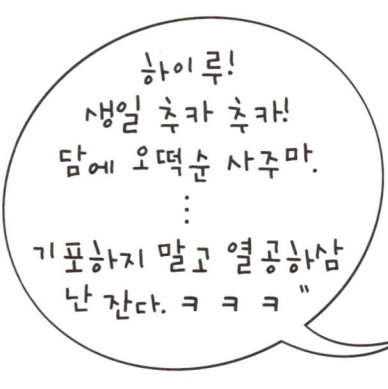

〈보기〉
① 컴퓨터 게임을 많이 하지 말자.
② 친구의 생일을 진심으로 축하해 주자.
③ 우리말을 바르게 사용하자.
④ 소식을 알릴 때 메일보다는 편지를 많이 쓰자.

**2** 위의 〈보기〉에서 고른 주장과 그 주장을 뒷받침하는 근거를 써 보세요.

| 주장 | 근거 |
|---|---|
|  |  |

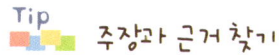

**Tip** 주장과 근거 찾기

- 주장은 문제가 되는 것이 무엇인지를 생각하면 찾을 수 있습니다.
- 근거는 그 문제가 일어난 이유나 원인이 무엇인가를 생각하면 됩니다.

**3** 다음 글을 읽고 글쓴이가 주장하는 내용의 근거를 찾아보세요.

> 엄마와 함께 외출할 때 우리는 지하철을 자주 이용한다. 지금은 초등학생이기 때문에 지하철을 탈 때 승차권을 구입하고 타지만, 내가 유치원생일 때는 무료로 지하철을 이용할 수 있었다. 그런데 그때마다 개찰구 밑으로 기어 들어가고 기어서 나오곤 했다.
>
> 그런 식으로 개찰구 밑으로 빠져서 드나들 때 나는 마치 몰래 지하철을 타는 듯한 떳떳하지 못한 기분이 들었다.
>
> 어릴 때부터 개찰구 밑으로 빠져나가는 습관이 들어 있기 때문에, 어른이 되어서도 그런 식의 행동을 자연스럽게 하는 어른들이 있다. 노인 분들에게 무임승차권을 발행하듯이 어린이들에게도 무임승차권을 발행하여 어린이들도 떳떳하게 지하철을 타도록 했으면 좋겠다.
>
> 어른들이 어린이는 미래의 주인공이라고 말하곤 한다. 미래를 짊어질 우리 어린이들이 개찰구를 기어 나가는 우스꽝스런 모습은 이젠 그만 연출했으면 좋겠다.

(1) 글쓴이의 주장과 그 주장을 뒷받침하는 근거를 써 보세요.

| 글쓴이의 주장 | 근거 |
|---|---|
|  |  |

(2) 글쓴이가 주장한 '어린이를 위한 무임승차권' 이외에 다른 방법을 떠올려 써 보세요.

------
------

생각을 펼쳐요

## 주장과 근거를 세워 글을 써 보아요

| 다음 두 그림을 비교하면서 주장과 근거를 생각해 보세요.

(1) 휴대 전화를 사용하는 것과 공중전화를 사용하는 것의 좋은 점과 나쁜 점을 써 보세요.

| 휴대 전화 사용 | | 공중전화 사용 | |
| --- | --- | --- | --- |
| 좋은 점 | 나쁜 점 | 좋은 점 | 나쁜 점 |
|  |  |  |  |

(2) '휴대 전화 사용이 더 좋다.'는 주장의 근거를 써 보세요.

① _____

② _____

(3) '공중전화 사용이 더 좋다.'는 주장의 근거를 써 보세요.

① _____

② _____

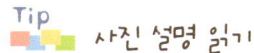
**Tip** 사진 설명 읽기

- 사진에 대한 내용을 설명하는 글을 캡션이라고 합니다.
- 캡션을 꼼꼼히 읽으면 사진에 대한 정보를 얻을 수 있습니다.

## 2  다음 사진 기사를 보고 주장하는 글을 써 보세요.

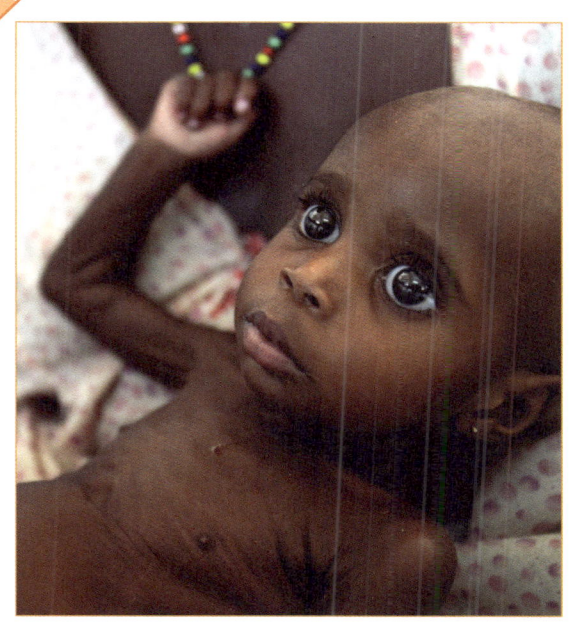

니제르의 기아

지난 7월 30일 니제르 타우아주에 위치한 NGO 국경 없는 의사회가 운영하는 긴급 보육 센터에서 심각한 영양실조에 시달리는 아기가 어머니의 무릎에 누워있다. 니제르 정부의 최근 통계를 보면 아이들의 영양실조 수준이 매우 심각하다.

〈연합뉴스〉

(1) 사진 속의 아이는 왜 이런 상태가 되었나요?

--------------------------------------------------

(2) 위의 문제를 해결하기 위한 방법을 써 보세요.

① --------------------------------------------
② --------------------------------------------
③ --------------------------------------------

(3) (2)번의 해결 방법 중에서 우리가 할 수 있는 일은 무엇일까요?

--------------------------------------------------
--------------------------------------------------

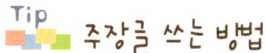 주장글 쓰는 방법

① 문제 상황 제기  ② 구체적 상황의 예
③ 문제에 대한 근거 제시  ④ 문제에 대한 해결 방법 제시

**3** 사진 기사를 보고 주장글을 쓰기 위한 개요를 짜 보세요.

| 제목 | 나의 의견을 중심으로 제목을 정한다. | |
|---|---|---|
| 서론 | 기사 내용과 관련하여 나의 입장을 밝힘. | |
| 본론 | | 주장 | 이유와 설명 |
| | 근거 | ① | |
| | | ② | |
| | 대책 / 해결 방법 | | |
| 결론 | ①, ②의 주장을 요약하여 재 강조 | |

# 감상 쓰기

독서 **감상문**은 책을 읽고 난 후 자신의 느낌이나 생각을 쓰는 글입니다. 독서 감상문을 쓰면 책을 읽은 감동을 오래도록 간직할 수 있고, 자기의 생각과 느낌을 정리하는 능력이 길러집니다. 책을 읽고, 독후감 쓰는 형식에 맞추어 독서 감상문을 써 보세요.

**학습 목표**
1. 책을 읽고, 독후감 쓰기의 얼거리를 잡을 수 있다.
2. 책을 읽고, 독후감을 쓸 수 있다.

## 생각을 열어요 — 글을 읽고 제목을 지어 보아요

▌다음 글을 읽고 물음에 답하세요.

### 대통령의 1달러짜리 소송

미국의 제26대 대통령 디어도어 루즈벨트는 어떤 잡지에서 자신에 대한 기사를 읽게 되었다.

'루즈벨트 대통령은 형편없는 술주정뱅이다.'

루즈벨트는 화가 났다. 비서관을 불러 그 기사를 보여 주자 오히려 대통령보다 더 화를 냈다. 그의 비서관은 기사를 쓴 사람을 불러 혼을 내 주고 사과문을 받아 내도록 하자고 했다. 루즈벨트 대통령은 그렇게 하면 대통령으로서 권력을 남용하는 것이니 옳지 않다고 말하였다. 대신 명예 훼손죄를 적용하여 고소하고 손해 배상도 청구하자고 했다.

얼마 후, 대통령은 잡지사 사장과 글을 쓴 기자를 정식으로 고소했고, 재판이 열렸다. 대통령이 법정에 나오게 되자 많은 방청객이 몰려와 법정을 가득 메웠다. 판사는 잡지사 사장, 기자, 대통령을 여러 차례 심문하여 드디어 판결을 내렸다.

"잡지사의 기사는 허위 기사로써, 개인의 명예를 침해한 것이 분명하다고 인정되는 바, 잡지사는 루즈벨트 대통령이 요구한 손해 배상금을 지급하시오."

잡지사는 손해 배상금을 내고 나면 이제 거지가 될 것이라고 술렁거렸다.

"루즈벨트 대통령이 요구한 손해 배상금은 1달러입니다. 이만 재판을 마치겠습니다."

재판이 끝난 뒤 비서관은 못마땅한 듯 대통령에게 물었다.

"각하, 손해 배상금이 1달러라니 말도 안 됩니다. 고작 1달러가 명예 훼손에 대한 보상이란 말입니까?"

그러나 루즈벨트 대통령은 웃으면서 말했다.

"나는 손해 배상금을 받으려고

**Tip** 독서 감상문의 제목 짓기

- 자신의 느낌이나 생각이 드러나는 제목
- 인물의 특성이 나타나는 제목
- 글의 주제가 드러나는 제목
- 속담이나 격언 등을 인용한 제목

> 고소한 게 아닐세. 진실을 밝히고 싶었을 뿐이야. 이제 진실이 밝혀졌으니 앞으로 그 따위 엉터리 기사를 쓰는 사람은 없을 것이네. 그러면 됐지, 안 그런가?"
>
> 〈지혜로운 어린이를 위한 55가지 이야기〉 자운영, 꿈에그린

**1** 독서 감상문의 제목은 자신이 정한 제목과 책의 제목을 함께 씁니다. '대통령의 1달러짜리 소송'을 읽고, 보기와 같이 제목을 붙여 보세요.

**보기**
내가 정한 제목 : 돈보다 진실이 더 중요했던 루즈벨트 대통령

책 제목 : '대통령의 1달러짜리 소송'을 읽고

내가 정한 제목 : _____

책 제목 : _____

**2** 내가 지은 제목을 붙여 보세요.

(1) 재미있게 읽었던 책 제목 쓰기

_____

(2) 자신의 느낌이나 생각이 드러나게 제목 붙이기

_____

(3) 글의 주제가 드러나게 제목 붙이기

_____

71

## 독서 감상문의 얼개를 알아보아요

1. 독서 감상문의 첫머리는 다양한 형태로 쓸 수 있습니다. 아래 예문들은 어떤 형식으로 첫머리를 쓴 것인지 〈보기〉에서 골라 써 보세요.

> - 책을 읽게 된 동기.
> - 책을 다 읽은 후 책에 대한 전체적인 느낌이나 생각.
> - 지은이에 대한 소개.
> - 그 책을 처음 봤을 때 느낌이나 제목을 보고 떠올랐던 생각.
> - 인상 깊었던 글귀나 장면.

> 춘악이란 이름을 처음 들었을 때 골목대장인 줄 알았다. 처음 책 표지를 봤을 때도 생각했던 대로 골목대장 모습이었다. 하지만 춘악이는 남을 배려하는 마음이 강해서 마을 사람들을 도와주는 착한 아이었다.
>
> 4학년 배지영

(1) _____

> '몽실언니'를 쓰신 권정생 선생님은 가난하고 어려운 어린 시절을 살았다. 초등학교만 졸업하고 결핵에 걸려 겨우겨우 목숨을 부지하며 시골 작은 교회의 종지기로 살았다. 이런 환경에서 살았기 때문에 선생님은 세상의 하찮은 것에 대한 소중함을 우리에게 일깨워 줄 수 있는 것 같다.
>
> 4학년 배지영

(2) _____

2. '대통령의 1달러짜리 소송'의 제목을 읽고 떠오르는 느낌이나 생각을 중심으로 첫머리를 써 보세요.

_____

_____

### Tip  독서 감상문의 가운데 부분 쓰기

- 구성 : ① 줄거리 + 느낌이나 생각 쓰기
  ② 새로 알게 된 사실 + 알게 된 사실에 대한 느낌과 생각 등.
- 내용 : ① 내 생활과 비교하며 쓰기 ② 주인공의 행동과 나의 행동을 비교·대조하며 쓰기
  ③ 다른 책의 인물과 비교하며 쓰기 ④ 주인공의 입장이 되어 생각이나 느낌 쓰기 등.

**3** '대통령의 1달러짜리 소송'의 글을 한 번 더 읽고 아래 물음에 답하세요.

(1) 루즈벨트 대통령은 잘못된 기사를 쓴 기자를 불러 혼내 주자고 한 비서관의 말에 동의하지 않았습니다. 그 이유를 써 보세요.

(2) 여러분이 알고 있는 사람 중에 권력을 남용한 사람이 있나요?

(3) 루즈벨트 대통령은 재판에서 이겼는데도 기자에게 손해 배상금으로 1달러만 요구했습니다. 여러분이 루즈벨트 대통령이었다면 어떻게 했을까요?

**4** 다음 지시한 내용에 따라, '대통령의 1달러짜리 소송'에 대한 독서 감상문의 가운데 부분을 써 보세요.

(1) 자신의 생각이나 느낌을 덧붙여서 써 보세요.

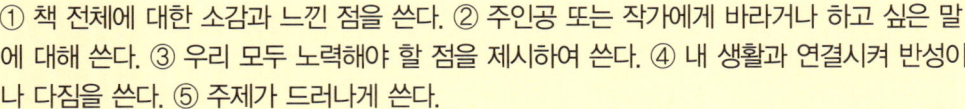

> ① 책 전체에 대한 소감과 느낀 점을 쓴다. ② 주인공 또는 작가에게 바라거나 하고 싶은 말에 대해 쓴다. ③ 우리 모두 노력해야 할 점을 제시하여 쓴다. ④ 내 생활과 연결시켜 반성이나 다짐을 쓴다. ⑤ 주제가 드러나게 쓴다.

**(2)** 루즈벨트 대통령의 행동과 사람들이 일반적으로 하는 행동을 비교하거나 대조하며 써 보세요.

**(3)** '루즈벨트 대통령이 재판을 하지 않았다면…….', 또는 '배상금을 많이 받아 냈다면…….' 처럼 상황을 바꾸어서 써 보세요.

### Tip 독서 감상문의 여러 가지 방법

- 느낌 중심 감상문
- 일기 형식 감상문
- 편지 형식 감상문
- 시 형식 감상문
- 기행문 형식 감상문
- 보고문 형식 감상문
- 그림 형식 감상화

**5** 독서 감상문의 끝부분에 대한 〈보기〉입니다. 어떤 형식으로 썼는지 알아보세요.

'내 생활과 연결시켜 반성이나 다짐'으로 쓰기

왕따로 인해 폭력을 당할 수 있고 그 폭력으로 인해 마음의 큰 상처를 남겨 준다. 그러므로 우리는 다른 친구들이 왕따의 위기에 시달리지 않도록 친하게 지내야 한다. 왕따는 친구 간에 정말 있어서는 안 된다.

4학년 이현진

'우리 모두 노력해야 할 점 제시'하여 쓰기

이와 같이 도둑에게 직업을 주고, 가난한 백성을 위해 세금을 적게 거두어들이고 밤엔 돌아다니지 못하게 하고 함정을 설치한다면 도둑 없는 세상을 만들 수 있을 것이다.

4학년 박진수

(1) '대통령의 1달러짜리 소송' 글의 전체적인 느낌과 루즈벨트 대통령의 훌륭한 점을 중심으로 독서 감상문의 끝부분을 써 보세요.

## 독서 감상문을 써 보아요

지금까지 공부한 내용을 바탕으로 '대통령의 1달러짜리 소송'으로 독후감을 써 보세요. (또는 자신이 읽었던 책 중에서 선택하여 써 보세요.)

| 제목 | | 내가 정한 제목 | |
|---|---|---|---|
| 처음 | 이 글을 처음 대했을 때 느낌이나 제목을 보고 떠올랐던 생각 등. | | |
| 가운데 | 인상 깊었던 장면이나 책의 구절,<br>주인공이나 등장인물에 대한 비판,<br>나와 비교해서 내가 주인공이었다면 어떻게 했을 것인가 등. | | |
| 끝맺음 | 자기의 느낌이나 생각, 결심이나 깨달은 점, 영향을 받게 된 것 등. | | |

 잠깐  책을 읽고 제목을 정할 수 있나요?　　　　독서 감상문을 쓰기 위해 얼거리를 잡을 수 있나요?
책을 읽고 생각과 느낌을 쓸 수 있나요?　　　책을 읽고 독서 감상문을 쓸 수 있나요?

# 쓰마랑 함께하는 외래어 우리말로 바꾸기

우리는 생활하면서 수많은 외래어와 한자어를 접하곤 합니다. 그 중에는 콜라나 햄버거, 그리고 전기 같은 대체할 수 없는 외래어와 한자어들도 있지만, 바꾸어 쓸 수 있는데도 바꾸지 않고 쓰는 외국어도 있어요.
우리 생활에서 우리말로 바꿀 수 있는 말에는 어떤 것이 있을까요?

헤어스타일 : 머리 모양
베이커리 : 빵집
남포 : 등잔
닭도리탕 : 닭볶음탕
노하우 : 비결
랭킹 : 순위
인터체인지 : 나들목(나가고 들어가는 길목)
노변 : 갓길(도로의 가장자리에 난 길)
AM/오전 ○○시, PM/오후 ○○시 : 이른 ○○시, 늦은 ○○시
스터디룸 : 공부방
미장원 : 머리방
유아원 : 어린이 놀이방
광장 : 열린 마당
다이어리 : 일기장
펜슬 : 연필
웰빙 : 참살이
북마크 : 즐겨찾기
사시미 : 생선회
와사비 : 고추냉이
리플 : 댓글
브런치 : 아점
네티즌 : 누리꾼

 참살이나 나들목, 갓길 등은 예전에는 외래어나 한자어에 밀려 잊혀진 말이었어요. 하지만, 요즘에는 사람들 사이에서나 방송에서 널리 쓰이는 말이 되었답니다.
앞으로도 우리가 예쁜 우리말을 쓰기 위해 노력한다면, 더 많은 우리말들을 학교에서, TV에서 길거리에서 들을 수 있겠지요?

# 생각동화 황금빛 카멜레온

카멜레온이 사는 나라에 '고집이'란 별명을 가진 친구가 있었습니다.
그는 다른 친구들과는 달리 몸 빛깔이 바뀌는 것을 부끄럽게 여겼습니다.
'나는 변덕쟁이는 싫어.
차라리 뱀이나 악어처럼 한 가지 빛깔의 몸을 가지고 싶어!'
그렇지만 생각뿐. 아무리 고집이가 이를 앙 물고 버텨도
초록 나뭇잎에 앉아 있으면 초록빛으로, 누런 나뭇가지에 앉아 있으면
누런빛으로, 저도 모르게 금세 변했답니다.

친구들은 그런 고집이를 비웃었습니다.
"흥, 그래 봐야 네가 별 수 있어? 카멜레온이 악어를 따라가다가는
악어 가죽이 될 뿐이라고."
"맞아 맞아! 우리보다도 더 빨리 색을 바꾸면서, 헛소리는……."
어른들이 고집이를 불러다가 타일렀습니다.
"고집아, 우리는 몸 색깔을 바꿀 수 있어야 해.
그래야 우리의 적으로부터 생명을 지킬 수 있는 거란다."
그래도 고집이는 자신의 생각을 꺾지 않았습니다.
"싫어요! 저는 꼭 한 가지 색을 띤 카멜레온이 될 거예요."

어느 날 아침, 고집이는 먼 길을 떠났습니다.
'높은 산에 사는 도사님을 찾아가 봐야지. 무슨 좋은 수가 있을 거야.'
세월이 꽤나 흘렀습니다. 나무 그늘에 모여 앉아 집 나간 고집이 걱정을 하고 있
던 카멜레온 친구들은 갑자기 눈이 휘둥그레졌습니다.
마을 입구에 황금 빛깔의 카멜레온이 나타난 것입니다.

그건 바로 고집이였습니다. 과연 고집이는 몸 색깔이 바뀌지 않았습니다.
나무 위에서도, 바위 위에서도, 고집이의 몸은 황금빛으로 번쩍번쩍 빛났습니다.
"어험, 내가 도를 좀 닦았지."
고집이는 모여든 친구들에게 으쓱거리며 뽐냈습니다.

그때, 사람들 발자국 소리가 저벅저벅 났습니다.
그러자 카멜레온들은 나무 위에서는 나무색으로,
땅에서는 땅 색깔로 재빨리 몸 빛깔을 바꿨습니다.
그러나 아뿔싸! 고집이는 금세 사람들 눈에 띄고야 말았습니다.
"오호! 이거 횡재했는걸."
"황금빛 카멜레온이 다 있다니."
사람들은 기뻐하며 고집이를 상자에 가뒀습니다.
그제야 고집이가 후회의 눈물을 흘렸지만, 아무도 함께 슬퍼해 주지 않았습니다.

이 인

# 쓰마와 꼭 알아야 할 인터넷 용어 바로 쓰기

인터넷을 하다 보면 가끔 친구와 인터넷에서 쓰는 말로 대화를 나눌 때가 있지요? '방가'라는 말로 인사를 하고, 게임을 시작할 때 'ㄱㄱㄱ'라며 방장을 재촉하죠. 그런데 이런 인터넷 용어를 계속 사용하다 보면 어느새 실생활에서도 인터넷 용어를 사용하게 된답니다. 인터넷 용어, 원래는 어떤 말을 사용해야 하는 걸까요?

> 안녕하삼, 하이~, 하2, 방가 등 : 안녕하세요, 안녕!
> 뻐뻐2~, 빠빠시~ 등 : 안녕히 계세요, 잘 있어!
> ㄳ : 감사합니다.
> 추카, ㅊㅋ : 축하합니다, 축하해!
> 지송, ㅈㅅ : 죄송합니다, 미안해!
> 오키, ㅇㅋ, ㅇㅇ : 알았어요, 오케이.
> ㄱㄱㄱ : 시작해요.
> ㄴㅁ : 내용 없음.
> 님아 : 누구누구(상대의 이름 혹은 아이디를 부르면서)님.
> 방제 : 방 이름 혹은 방 제목.
> 강퇴, 강티 : 강제 퇴장.
> 아듸 : 아이디.

이렇게 뜻이 있는 인터넷 용어도 있지만, 단순히 감정을 표현하는 이모티콘과 같은 인터넷 용어도 있답니다.

> ㅋㅋㅋ, ㅎㅎㅎ, ㅋㄷㅋㄷ 등 : 웃는 모습.
> ㅜㅜ, ㅠㅠ, T_T 등 : 우는 모습.
> ㅎㄹ 허긍, 헉, 허거 등 : 황당할 때.

**잠깐**  인터넷 용어에는 정해진 문법이 없지요. 그래서 문장 끝에 일정한 글자를 붙이는 식의 용어도 있답니다.
보통은 안녕하셈~, 오늘 늦었삼!, 도와주세여 등 말투를 표현하기 위한 글자가 붙지요. 왜 이런 말을 쓰냐고 하면 귀여워 보인다고들 대답해요. 빨리빨리 해야 하는 게임에서 줄임말을 사용해 시간을 아끼는 것이 당장은 좋겠지만, 그 인터넷 용어들을 현실에서 사용하여 우리의 국어 생활을 망친다면 정말 큰 문제 아닌가요. 시간이 조금 걸리더라도 바른말을 사용하는 노력으로 우리 국어를 함께 지켜 나가요.